D1613533

EASY FRENCH GRAMMAR PUZZLES

R. deRoussy deSales

PASSPORT BOOKS
a division of *NTC Publishing Group*
Lincolnwood, Illinois USA

1991 Printing

Published by Passport Books, a division of NTC Publishing Group.

Manufactured in the United States of America.

1 2 3 4 5 6 7 8 9 VP 9 8 7 6 5 4

Introduction

Easy French Grammar Puzzles is a unique collection of crosswords that teach as well as entertain. Designed especially for those who are beginning their study of the language, this puzzle book will test your knowledge of French grammar, vocabulary, and spelling in ways that will both challenge and amuse you.

The 28 *mots croisés* in this book review the major points of grammar learned in the first year of French studies. These include the correct use of verbs, verb tenses, pronouns, and prepositions. Besides grammar knowledge, *Easy French Grammar Puzzles* will call upon your knowledge of history, geography, and literature—in addition to requiring some agile reasoning.

Puzzle clues are all in easy French, so that even with a basic knowledge of French, you can work through this book without recourse to English. The vocabulary used in the clues is well within the range of students in the latter half of the first year. Words going beyond that level are defined in a Glossary at the back of the book.

Go through this book by yourself or with others. Either way, *Easy French Grammar Puzzles* will bring you hours of pleasure along with a great deal of valuable French-language practice. And, remember, if you should have any difficulty with a puzzle clue, complete solutions are provided for you in the Answer Key.

MOTS CROISES I

Horizontalement:

1. Avant le déjeuner, ou le dîner, on dit: " ______ appétit".
4. Après être entré dans une pièce, il est poli de ______ la porte.
7. Le ______ que portent les Mexicains s'appelle un sombrero.
8. Bientôt, un homme ______ à la planète Mars.
9. La ______ de Pompadour était la favorite de Louis XV.
12. On travaille ______ les jours de la semaine, sauf le samedi et le dimanche.
13. Se marier, c'est prononcer le grand ______.
14. Pour faire un bon ______, il faut avoir du bois sec, du papier et des allumettes.
15. Abbréviation pour "Notre Seigneur."
16. Faire quelque chose.
18. Chlorure de sodium (NaCl).
19. ______ jour de la semaine sommes-nous aujourd'hui?

Verticalement:

1. Il est dangereux de conduire une auto après avoir ______ trop d'alcool.
2. Une petite prairie s'appelle un ______.
3. Une personne ______ est une personne qui n'est pas malheureuse.
4. Note de musique, quatrième degré de la gamme de do.
5. Prendre en mariage.
6. Constructions destinées à l'habitation humaine.
7. Habitation royale ou seigneuriale; ou grande et belle maison de campagne.
10. Couleur de sang.
11. "Que" devant "il".
17. Quelle heure est- ______?
20. Au revoir! ______ demain.

I

1
2
3
4
5
6
7
8
9
10
11
12
13
14
15
16
17
18
19
20

MOTS CROISES II

Horizontalement:

1. Animal qui va au pas, au trot et au galop.
6. Un ______ est un endroit où il y a beaucoup d'arbres.
7. ______ j'avais su!
8. "Avez-vous lu cette lettre?"
"Oui, je l'ai ______".
10. L' ______ midi est la partie du jour qui va de midi jusqu'au soir.
11. ______ et dimanche sont deux jours de la semaine où les enfants français ne vont pas à école.
13. L'*Empire State Building* est plus ______ que la Tour Eiffel.
15. Pour que le moteur d'une auto marche, il faut mettre de l'______ dans le réservoir.

Verticalement:

1. Au jeu de football, on donne un ______ de pied au ballon.
2. ______ est le jour qui précède aujourd'hui.
3. Tu ______ en train d'apprendre le français.
4. Tu ______ déja fait beaucoup de progrès.
5. Un ______ est une personne qui vend des livres.
6. La résidence du président des Etats-Unis s'appelle "La Maison ______."
9. Au bridge, l' ______ est la carte qui a le plus de valeur. Il vaut plus que le roi.
11. On fait le vin avec le ______ des raisins.
12. On peut dire: "Je suis allé en France", ou "J'ai ______ en France."
14. Même mot qu'au No. 9 verticalement.

II

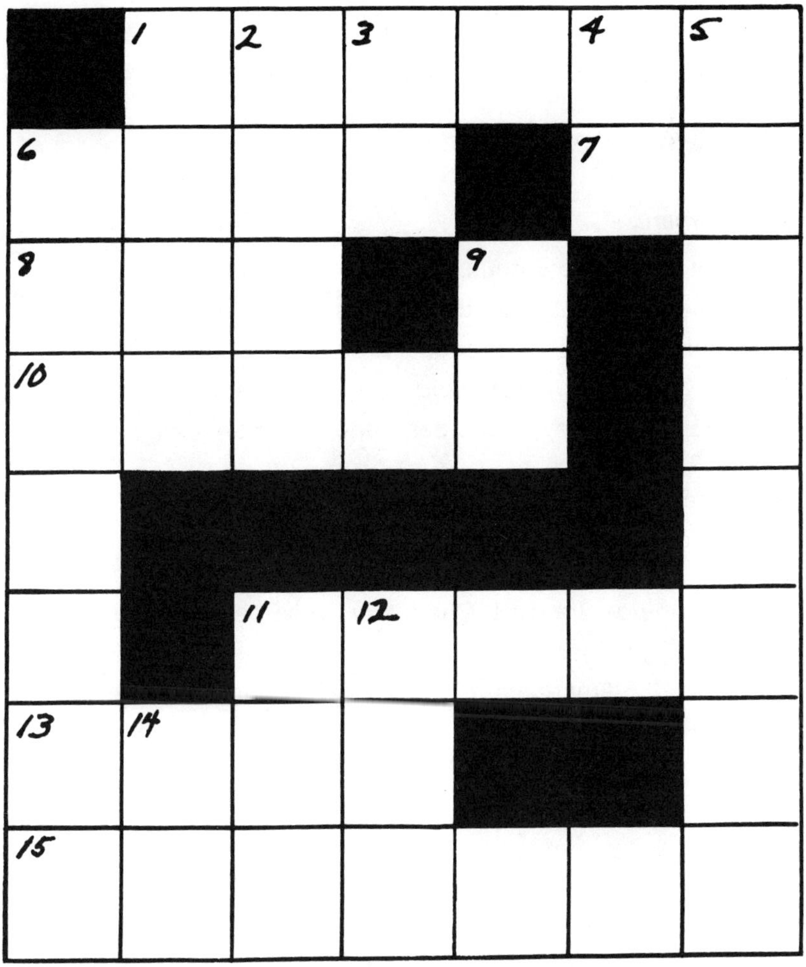
1
2
3
4
5
6
7
8
9
10
11
12
13
14
15

MOTS CROISES III

Horizontalement:

1. ______ trop de cigarettes est mauvais pour la santé.
6. Répondez oui ou ______ .
8. Tu ______ raison.
10. Je ______ lève.
11. Louis-Philippe était le dernier ______ de France.
12. Les girafes ont un long ______ .
13. ______ pleut.
15. Vingt-huit plus cent trois, moins cent trente, font ______ .
16. Mener une ______ de chien, c'est avoir une existence malheureuse.
18. Sur le pont d'Avignon, on y ______ .

Verticalement:

2. Un et ______ font deux.
3. Trouvez un ______ de trois lettres.
4. Je vais aller ______ France cet été.
5. Un ______ est un homme qui sait naviguer.
7. Une ______ fille est une personne non mariée du sexe féminin.
9. Do, ré, mi, fa, ______ , la, si, do.
10. Pour être bon, le Camembert doit être ______ .
14. "Le ______ n'est pas seulement un produit agricole; c'est aussi une œuvre d'art. Chaque cru a sa personnalité".
16. Il ______ neiger.
17. Tu ______ Américain, n'est-ce pas?

III

1
2
3
4
5
6
7
8
9
10
11
12
13
14
15
16
17
18

MOTS CROISES IV
Le verbe *FAIRE*

Horizontalement:

1. Je ______ partie du cercle français.
4. Je vais ______ théâtre.
5. Le duc d'Edimbourg a épousé la reine Elizabeth; elle est donc ______ femme.
6. Il ______ beau.
8. La bonne dit que votre chambre est ______ .
9. Les vaches donnent du ______ .
10. Je ______ mon devoir.
11. L' ______ est un métal précieux dont se servent les dentistes.
12. Qu'est-ce ______ c'est?

Verticalement:

1. J'ai ______ la connaissance d'une charmante jeune fille.
2. Demandez ______ concierge à quel étage habite Mme Dupont.
3. La cuisinière ______ la cuisine.
5. Il ______ nager.
6. Je ______ du ski.
7. La ______ est le nom de la planète que nous habitons.
8. Il ______ de la peinture.
9. Le livre est sur ______ table.
11. ______ est le Nord?

IV

1
2
3
4
5
6
7
8
9
10
11
12

MOTS CROISES V

Horizontalement:

1. Un ______ est une grande rivière que aboutit à la mer.
6. Un éléphant bleu! Cela ne s'est ______ vu.
9. Des éléphants blancs! Oui, il y ______ a en Thaïlande.
10. Sentiment passionné pour une personne de l'autre sexe.
11. La peinture est un ______ ; de même que la musique, la sculpture et la danse.
12. Grand chemin de communication pour autos et autres véhicules.
13. Si tu demandes ce mot à ton professeur, il ______ le dira.
14. Ce qui n'est pas mou est ______ .
15. Pour dormir, on se couche dans un ______ .
16. Partie de l'œil que joue le rôle d'un diaphragme. (C'est le même mot en anglais.)
18. Feuille d'un livre.
19. Huile volatile, extraite de la fleur d'oranger, qui porte le nom d'une princesse italienne qui a inventé ce parfum. (C'est le même mot en anglais.)
21. Les mots qui se terminent en **eu** (comme neveu, cheveu) ont leur pluriel en **x** (des neveux, des cheveux). Mais il y a une ______ ; c'est le mot **pneu** dont le pluriel est: des pneu**s**.

Verticalement:

1. "Il ______ manger pour vivre" signifie qu'il est nécessaire de manger pour vivre.
2. Une personne illettrée est une personne qui ne sait ni ______ ni écrire.
3. J'espère que tu n' ______ pas malade.
4. Sensation désagréable que l'on a lorsqu'on est sur le toit d'un bâtiment très haut et que l'on regarde en bas.
5. Un homme ______ est un homme très obstiné.
6. "Il faut cultiver son ______ ."
7. Qui aime d'amour, avec passion.
8. Cesser de vivre.
15. Note de musique.
17. Poisson plat, très bon à manger. (C'est le même mot en anglais.)
18. 3,1416.
20. Un nombre.

V

1
2
3
4
5
6
7
8
9
10
11
12
13
14
15
16
17
18
19
20
21

MOTS CROISES VI

Horizontalement:

1. Un ______ est une personne qui a perdu la raison.
3. Chicago est sur le ______ Michigan.
5. Le jour de ______ est le jour du mariage.
8. Le général de Gaulle est ______ à Lille en 1890.
10. Il ______ faut pas aller trop vite en auto en traversant les villages.
11. Ce mot-ci est moins difficile que vous ______ pensez.
12. Avez-vous ______ en France?
13. Les Français boivent très ______ de lait.
14. Comment ______ portes-tu?
15. Je ______ suis trompé.
17. Tu t' ______ trompé.
18. J'ai mal à la ______.
20. Quand il pleut, il tombe de l' ______.
21. Il y a une antenne de télévision ______ le toit.

Verticalement:

1. Quand il fait trop chaud, on ouvre la ______; et quand il fait froid, on la ferme.
2. Les Beatles avaient ______ succès fou pendant les années 60.
3. Les Américains aiment ______ lait.
4. Pour ______ le tunnel sous le Mont Blanc, les Français ont employé une machine américaine.
6. Ici ______ parle français.
7. ______ sont les Chinois qui ont inventé la poudre.
9. L' ______ vient après le printemps.
11. Marie Curie est ______ en Pologne.
15. Je ______ demande si j'aurai une bonne note.
16. Avec du bleu ______ du jaune on obtient du vert.
18. Comment vas- ______ ?
19. Tu ______ arrivé à la fin de cet exercice.

VI

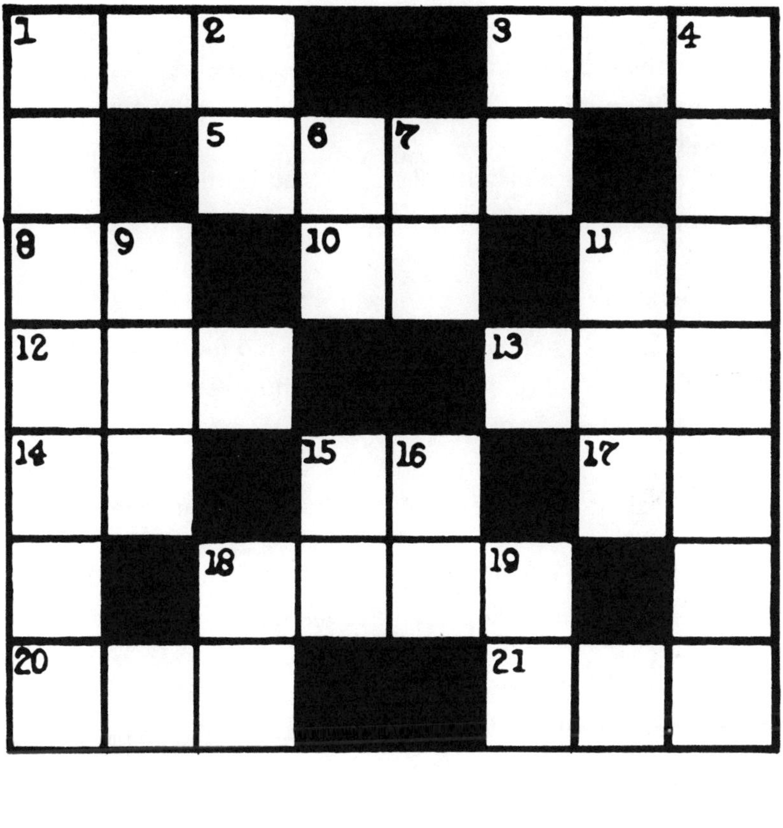
1
2
3
4
5
6
7
8
9
10
11
12
13
14
15
16
17
18
19
20
21

MOTS CROISES VII

Horizontalement:

1. Pour manger et pour écrire, on s'assoit a une ______ .
6. Oh! le ______ bébé!
7. Winston Churchill ne parlait pas ______ l'anglais, mais le français aussi.
9. On ne dit pas "**sa** amie", mais "______ amie".
10. Du haut de la Tour Eiffel, on a une très jolie ______ sur Paris.
11. Le livre est sur ______ table.
13. **Yeux** est le pluriel de ______ .
14. Un animal qui chante et qui vole s'appelle un ______ .
17. Devant un mot qui commence par une voyelle, on ne dit pas **le** ou **la**, mais ______ .
18. On ne dit pas **en** Portugal, ______ **au** Portugal.
21. Treize et dix-sept font ______ .

Verticalement:

1. "______ sont venus" signifie que tout le monde est venu.
2. Le premier mot que l'on dit au téléphone est: "______"!
3. "Comment allez-vous?" "Très ______ , merci, et vous?"
4. Un ______ est un garçon qui étudie avec un professeur.
5. Une maison avec beaucoup de chambres s'appelle un ______ .
6. ______ suis fatigué.
7. Dans une maison, la pièce destinée à recevoir les visiteurs est le ______ .
8. La ______ commence après le coucher du soleil.
12. J' ______ froid.
13. A la question "Etes-vous marié" on répond oui ______ non.
15. Quatre et trois font ______ .
16. J' ______ la glace au chocolat.
17. La nuit on dort dans un ______ .
19. Le ler janvier est le Jour de l' ______ .
20. On ne dit pas "Il lave ses dents", mais "Il ______ lave les dents."

VII

MOTS CROISES VIII

Horizontalement:

1. Ce qu'on ouvre quand il fait chaud et qu'on ferme quand il fait froid.
6. Du 21 ou 22 juin au 22 ou 23 septembre.
7. Pronom indéfini désignant d'une manière vague une ou plusieurs personnes.
9. Métal que les gouvernements aiment avoir en réserve.
10. Ce qu'on aime à avoir dans son porte-monnaie.
11. Douze mois.
12. Etes-vous ______ bonne santé?
13. 100 mètres carrés.
15. Le mot français pour "gasoline".

Verticalement:

1. Celui de Roquefort est fameux.
2. Petit mot qui accompagne le mot **pas**, ou **rien**.
3. Coucher tout du long.
4. Pronom personnel de la deuxième personne.
5. Présent fait à l'occasion du Jour de l'An.
8. Le contraire de "oui".
9. Oiseau domestique que beaucoup de Français mangent le jour de Noël.
13. Le verbe **avoir**, à la deuxième personne du singulier, au présent.
14. Même mot qu'au No 12 horizontalement.

VIII

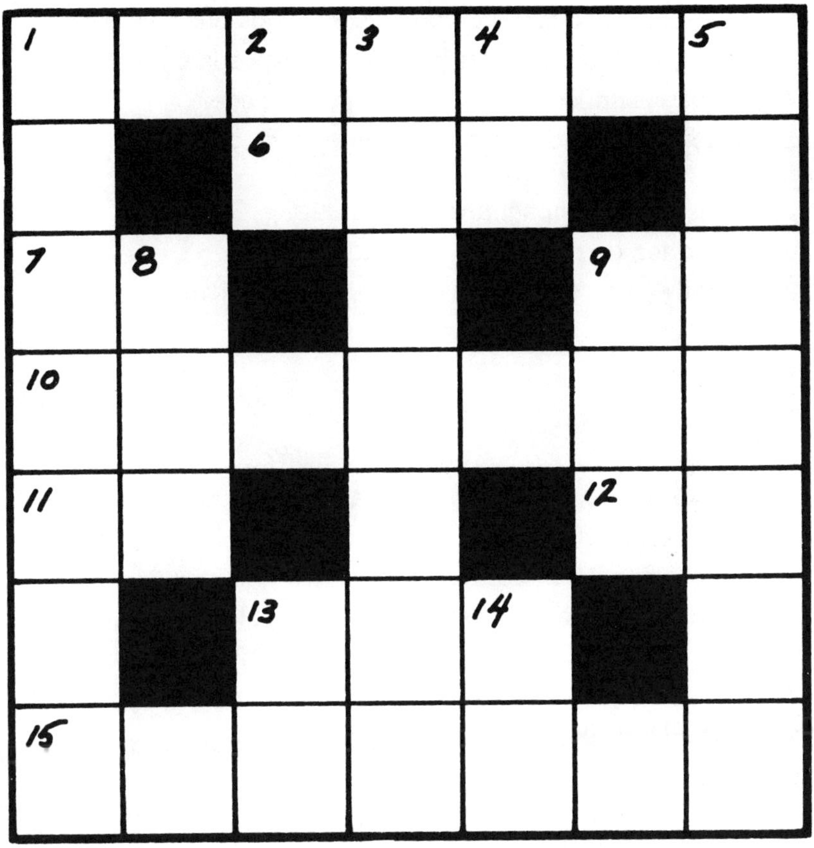
1
2
3
4
5
6
7
8
9
10
11
12
13
14
15

MOTS CROISES IX

Horizontalement:

1. ______ est la plume de ma tante?
3. Le ______ d'une girafe est très long.
5. Une ______ est un insecte qui vole et qui est très ennuyeux.
8. On se mouche dans un ______ .
10. En France, ______ vend des allumettes dans les bureaux de tabac.
11. Un cycliste ______ sur deux roues.
12. Je ______ , tu dis, il dit, nous disons, vous dites, ils disent.
13. Je suis, tu ______ , il est, nous sommes, vous êtes, ils sont.
14. Ce qui n'est ni chaud, ______ froid, est tiède.
15. Où est la plume de ma tante maintenant? ______ est sur la table.
17. Qui est sans compagnons est ______ .
20. A un chien on dit: "Viens ______ !"
22. Un barrage sert à ______ les eaux d'une rivière.

Verticalement:

1. ______ allez-vous?
2. Prenez-vous du ______ dans votre café?
3. Un ______ est un légume. C'est aussi un terme d'affection.
4. "Yeux" est le pluriel de ______ .
5. M. est l'abréviation de ______ .
6. Est-ce que votre sœur est brune ______ blonde?
7. Une ______ est un objet quelconque, ou n'importe quoi.
8. Huit ______ cinq font trois.
9. Venir de nouveau.
16. Ce qui n'est pas près est ______ .
18. Un ______ est un meuble sur lequel on se couche pour se reposer ou pour dormir.
19. J'ai commandé des œufs, de la bière et ______ pain.
21. Je préfère celui ______ à celui-la.

IX

1
2
3
4
5
6
7
8
9
10
11
12
13
14
15
16
17
18
19
20
21
22

MOTS CROISES X

Horizontalement:

2. Espace de temps qui va de la naissance à la mort.
5. Une ______ est un insecte qui produit le miel.
9. Une ______ à tout faire est une femme chargée de tous les travaux du ménage.
10. Saint ______ était l'un des quatre évangélistes.
11. A beaucoup de questions, on vous demande de répondre oui ______ non.
12. Ce qui a peu de largeur est ______.
14. Le pluriel de **ce** est ______.
16. Ce qui est ______ est ce que l'on doit à quelqu'un.
17. "Il ne ______ rien" signifie qu'il ne va rien dire.

Verticalement:

1. On trouve du ______ sur les plages.
2. On fait du ______ avec des raisins.
3. Une étendue de terre entourée d'eau de tous côtés s'appelle une ______.
4. L'article "le" s'écrit "______" en espagnol.
6. Le ______ d'un bâton est la partie extrême du bâton.
7. On met de l' ______ dans un stylo.
8. On met de l' ______ dans le radiateur d'une auto.
11. ______ son chapeau signifie enlever son chapeau.
13. ______ on parle français.
15. A un roi ou à un empereur on donne le titre de: ______ Majesté.

X

1
2
3
4
5
6
7
8
9
10
11
12
13
14
15
16
17

MOTS CROISES XI

Horizontalement:

1. Aller à pied.
5. Quand on écrit une lettre à une personne pour qui on a de l'affection, la première ligne de la lettre est souvent: "Cher ______".
6. Les contes de fées commencent souvent par la phrase: "Il ______ avait une fois. . . ."
7. Un homme ______ est un homme qui s'impatiente facilement, qui a des nerfs sensibles.
10. Le pluriel de **lui**.
12. Les sept nains sifflaient ______ travaillant.
14. Dans "Les Trois Mousquetaires" on trouve souvent cette phrase: "Il tira son ______ du fourreau".
17. L'Arc de Triomphe est ______ milieu de la place de l'Etoile.
18. Louis XIV disait: "L' ______ c'est moi".
19. Pour qu'une lettre arrive vite, il faut l'envoyer ______ avion.
20. C'est sous le règne de Louis ______ que la Lorraine et la Corse furent rattachées à la France.
21. Comment va ______ sœur?

Verticalement:

1. Les femmes portent des ______ de fourrure en hiver.
2. Mourir, c'est rendre son ______ à Dieu.
3. ______, c'est exprimer un sentiment de joie et de gaieté.
4. Ronald Reagan a été ______ président en 1980.
8. La ______ est la faculté de voir.
9. Un ______ est un specialiste.
11. Cette lettre que vous venez de recevoir, allez-vous ______ répondre?
13. Un enfant ______ est un enfant qui n'est pas vêtu.
15. On met du sel ______ du poivre dans beaucoup de sauces.
16. H_2O.
22. La Suisse est ______ l'est de la France.

XI

1 2 3 4
5 6
7 8 9
10 11
12 13 14 15 16
17 18
19
20 21 22

MOTS CROISES XII

Horizontalement:

1. La ______ est un fruit. C'est aussi un sport qui consiste à attraper des poissons.
6. Une ______ est un instrument qui sert à ouvrir ou fermer une porte.
7. Un ______ est un coffret où l'on garde des bijoux.
9. Si c'est vendredi aujourd'hui, ______ c'était jeudi.
10. "Avoir un ______ d'élégance" signifie avoir une apparence brillante.
11. Dire qu'on est ______ à partir signifie qu'on peut partir tout de suite.

Verticalement:

2. Les enfants apprennent à lire et à ______ .
3. Une personne qui va voir régulièrement un commerçant est son ______ .
4. ______ IV fut assassiné par Ravaillac en 1610.
5. Je ______ sais pas.
8. Quand quelque chose coûte trop d'argent on dit que c'est trop ______ .
10. L'abréviation de Vice-Président.

XII

1
2
3
4
5
6
7
8
9
10
11

MOTS CROISES XIII

Horizontalement:

1. Ce qu'on a l'intention de faire s'appelle un ______.
6. ______ un examen, c'est ne pas réussir, ou échouer.
8. Un ciel sans nuages est d'une couleur ______.
10. Ce qui est à une grande distance est ______.
11. J'ai ______ bon tabac dans ma tabatière.
12. Une seule ______ n'est pas suffisante pour voler. Les oiseaux et les avions en ont deux.
13. L' ______ de cœur vaut plus que le roi de cœur.
14. En France, le Président de la République est élu pour sept ______.
15. Un homme dort en pyjamas et une jeune fille dort en ______ de nuit.

Verticalement:

2. L' ______ est l'organe qui sert à entendre.
3. Un citron est de couleur ______.
4. L' ______ est une saison chaude.
5. Tu ______ demandes la signification de ce mot.
7. Une jeune fille est blonde, brune ou ______.
8. Le drapeau français est bleu, ______, rouge.
9. Nul n'est censé ignorer la ______.
11. Il y a beaucoup d'eau ______ la mer.
14. J' ______ chaud.

XIII

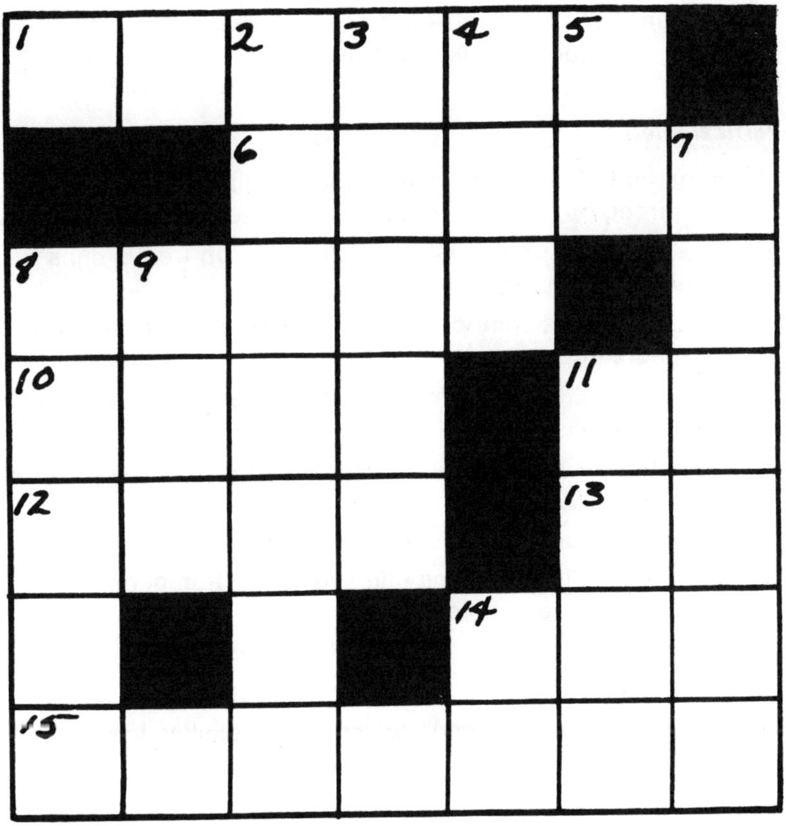
1
2
3
4
5
6
7
8
9
10
11
12
13
14
15

MOTS CROISES XIV

Horizontalement:

1. On va chez le boulanger pour ______ du pain.
8. On enlève son ______ avant d'entrer dans une église.
9. L' ______ des Champs-Elysées est une des plus larges de Paris.
10. Elle est ______ jolie.
12. La cathédrale de Notre-Dame est dans l' ______ de la Cité.
15. Aimez- ______ les chansons de Jacques Brel?
17. La France et l'Angleterre ont construit ensemble un ______ qui s'appelle "Le Concorde."

Verticalement:

1. En parlant d'un courant électrique, on dit qu'il est DC, c'est-à-dire direct, ou ______ , c'est-à-dire alternatif.
2. Un ______ est un animal domestique qu'on trouve dans beaucoup de maisons.
3. Le ______ est à l'embouchure de la Seine. C'est un port de voyageurs et de commerce.
4. L' ______ est l'arme dont on se sert généralement pour se battre en duel.
5. Les guerres sont souvent le résultat d'une ______ politique entre deux pays.
6. Il y a beaucoup d' ______ dans l'océan.
7. On ne peut aller que dans une seule direction dans une ______ à sens unique.
11. En 1865, un assassin ______ le Président Lincoln.
13. Un livre que vous avez fini de lire est un livre ______ .
14. L' ______ est le côté de l'horizon où le soleil se lève.

XIV

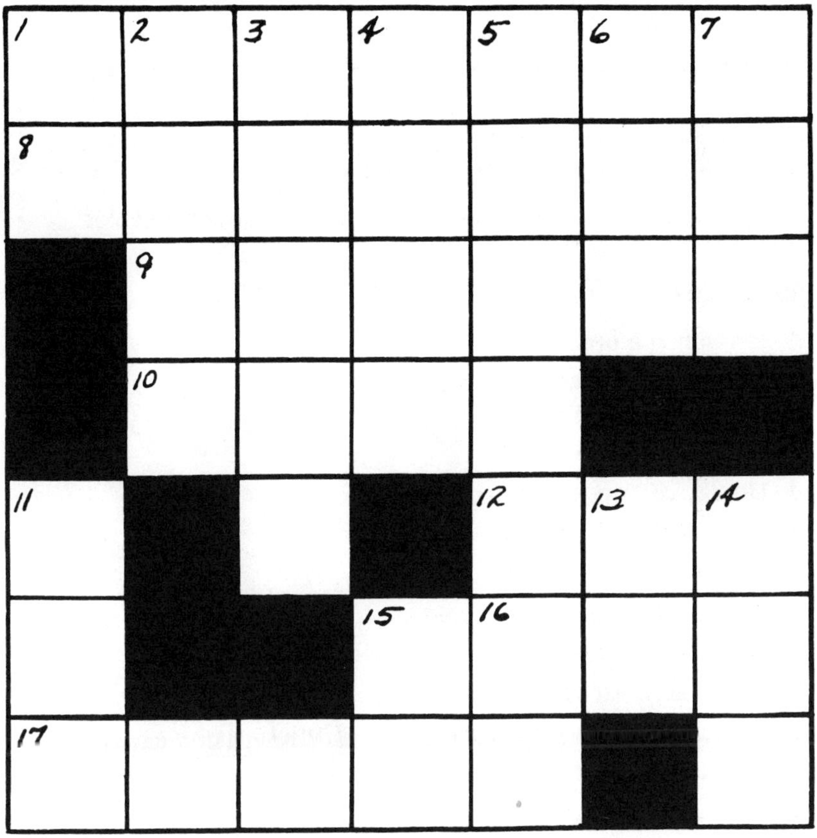
1
2
3
4
5
6
7
8
9
10
11
12
13
14
15
16
17

MOTS CROISES XV

Horizontalement:

1. Ce qui n'est pas mauvais est ______ .
3. Le pluriel de **la** et de **le** est ______ .
6. Contraction pour **à le**.
7. L'opposé de **basse** est ______ .
9. Ce qui n'est pas près est ______ .
10. Bonjour, ______ allez-vous?
12. Une personne qui a attrapé un ______ tousse, éternue et se mouche beaucoup.
13. Une ______ est un oiseau domestique que l'on mange souvent à Noël.
14. Une substance blanche très salée.
16. On fait du vin avec le ______ des raisins.
17. L'______ d'un avion, ou d'un oiseau, lui permet de voler.

Verticalement:

1. On danse à un ______ .
2. Mot qui sert à indiquer une alternative.
3. Planète satellite de la terre, où les astronautes ont fait plusieurs voyages.
4. Un ______ un font deux.
5. Cinq et deux font ______ .
7. Etre humain.
8. J' ______ les jolies choses.
9. Marie-Antoinette était la femme de ______ XVI.
10. Un ______ est un légume.
11. ______ est la fête de la nativité du Christ.
14. Mot qui exprime un fait positif.
15. ______ livre est sur la table.

XV

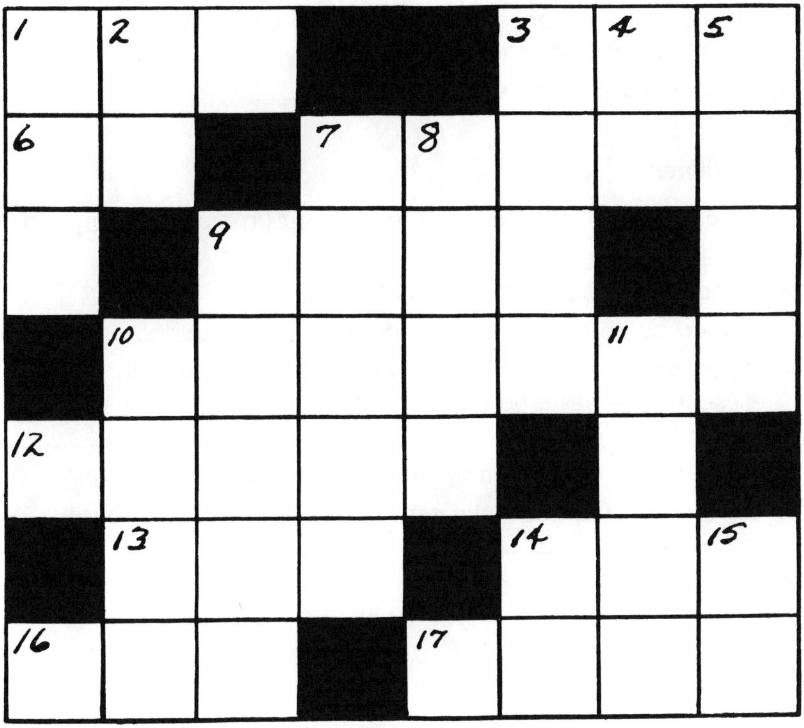
1
2
3
4
5
6
7
8
9
10
11
12
13
14
15
16
17

MOTS CROISES XVI

Horizontalement:

1. Une ______ est une femme mariée.
5. Il faut faire attention avant de traverser la ______ .
6. Conjonction qui marque la transition d'une idée à une autre.
7. La cinquième ______ d'une auto est utilisée en cas de crevaison.
9. Certaines personnes préfèrent leur bifteck bien ______ , et d'autres le préfèrent saignant.
10. Un ______ d'essence correspond approximativement au quart d'un **gallon** américain.
11. Le participe passé de **savoir** est ______ .

Verticalement:

1. La grande pièce de lingerie recouvrant un matelas s'appelle un ______ .
2. Il faut aller ______ fond des choses.
3. Quand on vous rend un service, vous dites ______ .
4. Avant de ______ de l'argent à quelqu'un, le banquier s'assure que cette personne offre toutes les garanties possibles.
6. Le verbe ______ est moins usité que le verbe **entendre**.
8. Au tennis, quand la balle est tombée hors des limites du court, on crie "______"!
10. Participe passé du verbe **lire**.

XVI

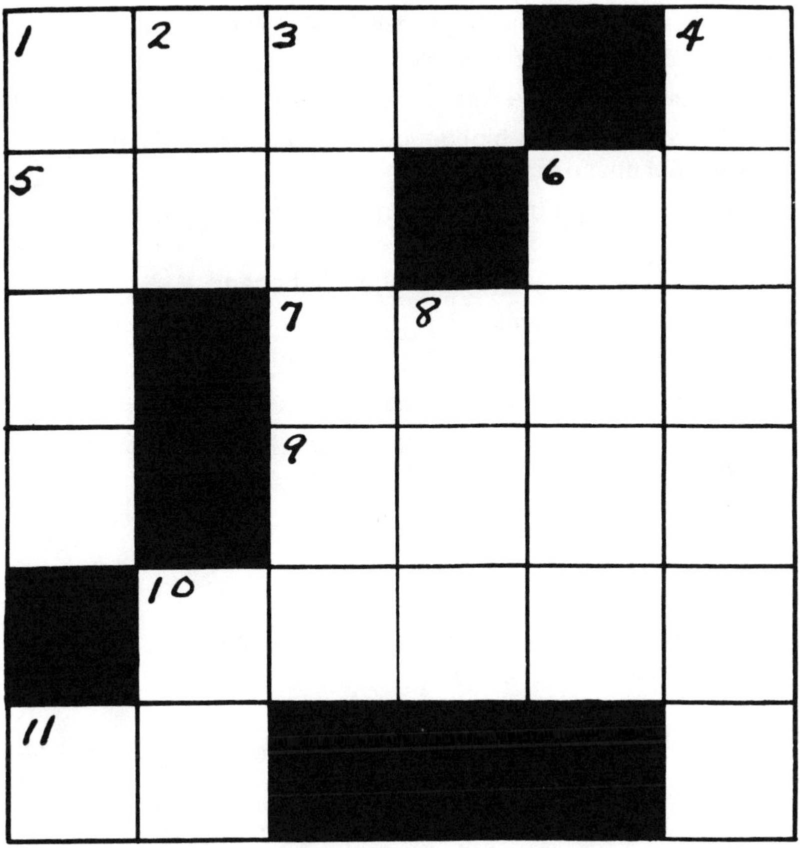
1
2
3
4
5
6
7
8
9
10
11

MOTS CROISES XVII

Horizontalement:

1. On se lave les ______ avant les repas.
5. A un chien, on ne dit pas: "**Vos** pattes sont sales", mais ______ pattes sont sales.
8. L'______ d'un oiseau ou d'un avion est ce qui lui permet de voler.
9. Quand un homme est obstiné on dit qu'il est ______ comme un âne.
10. Où ______ vous passer les vacances cet été?
11. J'irai ______ France cet été.
12. Au lieu de dire: "Je lis le livre", on peut dire: "Je ______ lis".
13. "Au ______ de ma blonde, qu'il fait bon dormir" est une vieille chanson française.
17. Une ______ est une cessation temporaire de tous actes d'hostilité.
18. On dit "J'______ chaud" lorsqu'il fait chaud.
19. Le contraire de **fermé** est ______ .
21. On dit "J'ai chaud" lorsqu' ______ fait chaud.
22. On ne dit pas "**un** fleur", mais "______ fleur".
23. La ______ est celui des cinq sens par lequel on aperçoit les objets.
25. On s'essuie les mains avec une ______ .

Verticalement:

1. Il fait beau en ce moment, ______ je crois que cela ne durera pas.
2. "Avoir l'______ " signifie paraître.
3. Une ______ est une terre entourée d'eau.
4. Le ______ de Cyrano de Bergerac était très long.
5. On dit "______ -vous droit" à des soldats qui ne se tiennent pas droit.

XVII

Verticalement:

6. "Vingt ______ un" est le nom d'un jeu de cartes.
7. Pendant les heures d'études, le professeur ______ les élèves.
9. L'expression "Tel père ______ fils" signifie que le fils est comme le père.
13. La ______ est le fruit du prunier.
14. ______, c'est penser en dormant.
15. D'après la Bible, la première femme s'appelait ______.
16. Quand le déjeuner ou le dîner est prêt, le maître d'hôtel ou la bonne dit: "Monsieur est ______".
17. "______ les chemins mènent à Rome".
18. Quand vous ne vous sentez pas bien vous dites: "J'______ mal à la tête."
20. "Crier à ______ -tête" signifie crier de toute la force de sa voix.
24. N'oubliez pas que un ______ un font deux.

MOTS CROISES XVIII

Horizontalement:

1. Avoir ______, c'est avoir un désir de boire.
3. Les enfants qui nous apportent nos journaux ______ lèvent de bonne heure.
5. Avez-vous ______ votre café?
6. Un ______ est une grosse souris.
7. Au théâtre, quand la pièce est terminée, on baisse le ______.
11. Un ______ est l'endroit où un train ou un autobus s'arrête.
13. Un ______ est le temps que met la Terre à faire un tour autour du Soleil.
14. Tous les anges sont des garçons, puisqu'on dit ______ ange.
16. Ce qui est ______ n'est pas lourd.
19. Quand vous frappez à une porte et qu'on vous demande: "Qui est-ce?" Vous répondez: "C'est ______".
20. Le duc de La Rochefoucauld était l' ______ de Mme de La Fayette.
22. Quand une route n'est pas assez large pour la circulation, il faut l' ______.
24. Le ______ est la partie du corps qui joint la tête aux épaules.
26. ______ est la fête de la nativité du Christ.
27. "Y a-t-il beaucoup de monuments à Paris?" "Oui, il y ______ a beaucoup".
28. Si vous allez voir le président, vous lui ______ bonjour de ma part.

Verticalement:

1. On met un chapeau ______ sa tête.
2. Un homme ______ est un homme qui affecte un air hautain et arrogant.
3. Quand on s'adresse à une reine on lui dit "______ Majesté".

XVIII

Verticalement:

4. Conjonction.
6. Une ______ est moins large qu'une avenue.
8. Dans les jeux de cartes la ______ vaut moins que le roi, mais plus que le valet.
9. Un revolver est une ______ dangereuse.
10. Avoir ______ , c'est avoir un désir de manger.
12. Aux personnes que l'on connaît bien, on ne dit pas "vous" mais "______".
15. Le ______ est la couleur la plus obscure qui est produite par l'absence ou par l'absorption de tous les rayons lumineux.
16. "Au ______ de" signifie "A la place de".
17. Un enfant qui est ______ pour son âge est un enfant qui dépasse la taille normale.
18. ______ , c'est être violemment irrité.
21. Le ______ est la mesure anglo-saxonne qui correspond à 1,609 kilomètre.
23. Louis-Philippe Ier était le dernier ______ de France.
24. "Ne remettez pas au lendemain ______ que vous pouvez faire le jour même."
25. "______ a souvent besoin d'un plus petit que soi."

MOTS CROISES XIX

Horizontalement:

1. Cinq et ______ font douze.
3. "En quelque ______ " est une expression signifiant "Pour ainsi dire".
8. Le Sahara est un ______ .
9. Une ______ est une construction destinée à l'habitation humaine.
12. ______ j'avais su!
13. "Le musée est ______ tous les jours sauf le mardi" signifie que le musée est fermé le mardi.
14. Pas beaucoup.
15. Remâcher les aliments, comme font les vaches, s'appelle ______ .
16. Mettre ensemble des choses diverses, comme de l'eau avec du vin, c'est ______ de l'eau avec du vin.
18. Un ______ à lunettes est une sorte de boîte dans laquelle on met ses lunettes quand on ne les porte pas.
19. Tout être créé, comme l'homme par opposition à Dieu, est une ______ .
21. La nuit, tous les chats sont ______ .
23. En France, Brigitte Bardot est une actrice de ______ très populaire.

Verticalement:

1. L'un des douze apôtres s'appelait ______ .
2. Pour assaisonner une salade, on y met du sel et du ______ .
3. ______ une rose, c'est mettre son nez près de la rose pour savoir l'odeur qu'elle a.
4. On donne un ______ à ronger à un chien.
5. Avoir du respect pour une personne, c'est ______ cette personne.
6. Choisir parmi plusieurs choses et les séparer du reste s'appelle ______ .
7. On fait du café au lait avec du café ______ du lait.
8. La plupart des gens ______ la nuit.
10. Les Français vont ______ café pour bavarder, discuter, se reposer, rencontrer leurs amis et écrire des lettres.

XIX

1
2
3
4
5
6
7
8
9
10
11
12
13
14
15
16
17
18
19
20
21
22
23

Verticalement:

11. Un homme ______ est un homme qui n'a pas de compagnon.
16. Il faut apprendre aux enfants à dire ______ .
17. Louis XI était le ______ de Charles VII.
18. L' ______ est l'unité de travail du système C.G.S. (Système d'unités physiques dont les unités fondamentales sont le centimètre, le gramme et la seconde).
20. Quel ______ avez-vous?
22. ______ fait beau aujourd'hui, n'est-ce pas?

MOTS CROISES XX

Horizontalement:

1. Si vous ne trouvez pas ce problème de mots croisés facile, c'est qu'il est ______ .
10. L'opposé de joli.
11. Ce que répondent beaucoup d'étudiants quand on leur demande si le français est une langue facile.
12. Ce qu'est l'Angleterre, géographiquement.
13. Repas du soir.
15. Femelle d'un mammifère à fourrure épaisse.
17. Une saison agréable.
18. Un nombre, au féminin.
19. Jeune fille qui a plus de dix-huit ans.
22. Couleur de la nuit, au féminin.
23. Personne qui a moins de dix ans.
26. Conjonction signifiant: "C'est pourquoi".
27. Trois fois trois.
29. ______ souviens-tu de ton enfance?
30. Est-ce que ces livres sont les miens ou les ______ ?
31. Il n'y a pas ______ de tremblement de terre récemment.
32. Tout aliment apprêté qu'on sert pour les repas est un ______ .
33. "La critique est facile, mais l' ______ est difficile."
34. Sentiment d'inquiétude en présence, ou à la pensée, d'un danger.
35. Un ______ élève est un élève qui apprend bien.
37. Il y a une antenne de télévision ______ haut de la Tour Eiffel.
38. Ne pas accepter.

Verticalement:

2. Si vous êtes malade, ______ faut aller voir le docteur.
3. En classe, il faut ______ attention.

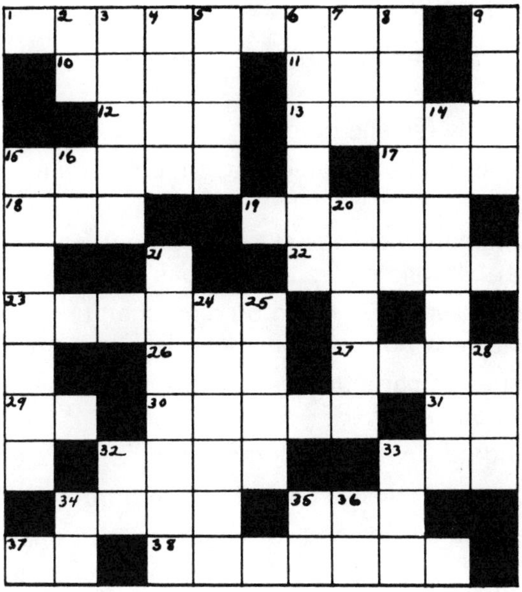

Verticalement:

4. Enfant mâle, par rapport à son père et à sa mère.
5. Ce qui vient à la pensée.
6. Un des premiers indigènes de l'Amérique.
7. Acte de l'autorité souveraine.
8. Le contraire d'**ami**.
9. Le mari de votre mère, par rapport à vous.
14. "Atchoum!"
15. Position d'une porte qui n'est pas fermée.
16. Six moins cinq.
20. Le mot entre six et cinq dans la question précédente.
21. La personne qui apporte les lettres.
24. Venir au monde.
25. Quand il fait un temps superbe, on dit: "Il fait ______ beau".
28. Napoléon III ______ le dernier empereur des Français.
32. Il ______ semble qu'il va pleuvoir.
33. ______ Le père d'une mule.
34. Participe passé du verbe **pouvoir**.
35. Après avoir ______ , on n'a plus soif.
36. Un squelette est fait d'______ .

MOTS CROISES XXI

Horizontalement:

2. Un ______ est un animal qui a des plumes et qui pond des œufs.
6. La ______ est la femelle du coq.
7. Pour qu'un oiseau ne s'envole pas, on le met dans une ______.
9. Si on vous demande si vous avez de l'argent, vous répondrez probablement: "Non, je n' ______ ai pas".
10. Parlant d'un cheval, d'un chien ou d'un chat, on ne dit pas qu'il a les **cheveux** noirs; on dit qu'il a le ______ noir.
11. En grammaire, on parle du ______ masculin et féminin. C'est toujours l'un ou l'autre.
12. Un marchand de vin est une personne qui ______ du vin.
14. Pour ______ les nouvelles danses, il faut un bon orchestre.
15. La souris n'aime pas les chats. Ce sont ______ ennemis.
16. Avez-vous ______ le journal? Si oui, vous connaissez les nouvelles.

Verticalement:

1. Quand deux personnes arrivent en même temps devant une porte, l'une dit " ______ vous!" et invite l'autre à passer en premier.
2. Aimez-vous Brahms? la réponse peut être oui ______ non.
3. ______ fait beau aujourd'hui.
4. Il y a soixante ______ dans une minute.
5. L'______ est l'oiseau que l'on voit sur les pièces américaines de 50 et de 25 cents.
8. L'______ est de quoi se compose le vent.
10. Descartes a dit: "Je ______ donc je suis".
11. Au lieu de dire "Les personnes s'en vont", on peut dire "Les ______ s'en vont".
12. Au lieu de dire: "Il pleuvra", on peut dire: "Il ______ pleuvoir".
13. Travailler ______, c'est ne pas travailler beaucoup.
14. Prenez-vous votre café avec ______ sucre, ou sans sucre?

XXI

1
2
3
4
5
6
7
8
9
10
11
12
13
14
15
16

MOTS CROISES XXII

Horizontalement:

1. Napoléon Bonaparte est ______ en Corse.
2. La duchesse de Windsor est la ______ de la reine d'Angleterre.
5. Un climat ______ est un climat qui n'est pas humide.
6. On appelle une personne tendrement aimée: "Ma ______".
8. Pour les Anglais, l'______ du thé est sacrée.
9. Quand on ignore la réponse à une question, on dit: "______ ne sais pas".
10. Pour ______ en France, il faut traverser l'Atlantique.
11. Dire qu'une personne a "un cœur d'______" signifie qu'elle a un cœur généreux.
12. "______ Deum laudamus" signifie: "Seigneur, nous te louons".
13. Un œuf ______ est un œuf qui est bien cuit.
14. Le participe passé du verbe **rire** est ______ .
15. Une chose certaine est une chose ______ .

Verticalement:

2. Galilée a été le premier à découvrir que la ______ n'était pas le centre de l'univers et tournait autour du Soleil.
3. L'______ est un métal plus dur que le fer.
4. "______" signifie: mis sous terre.
5. Vivre ______ , c'est vivre isolé, sans compagnie.
6. En anglais, quand on est enroué, on dit: "J'ai une grenouille dans la gorge"; et quand un Français est enroué, il dit: "J'ai un ______ dans la gorge".
7. ______ un taxi, c'est appeler de loin un taxi.
9. Le premier janvier est le ______ de l'an.
13. ______ est l'article contracté pour **de le**.

XXII

1
2
3
4
5
6
7
8
9
10
11
12
13
14
15

MOTS CROISES XXIII

Horizontalement:

1. Poème.
6. Couleur du sang.
7. Conjonction.
8. Premier jour de la semaine, en France.
11. Titre donné quelquefois en Europe aux lords ou aux Anglais de distinction.
12. Une ville de 20.000 _______ est une ville de 20.000 habitants.
14. Il construisit par ordre de Dieu l'arche qui devait le préserver du déluge.
15. Titre qu'on donnait au roi de France en lui parlant ou en lui écrivant.
16. Dit qu'une chose n'existe pas, n'est pas vraie.
17. Pas humide.
18. Avions à réaction.
19. Nommer à une fonction par la voie des suffrages.

Verticalement:

1. Vase de terre ou de métal, de formes diverses.
2. Mot qui exprime une alternative.
3. Où l'on va le dimanche matin si on est chrétien.
4. Qui est sans compagnie, isolé.
5. Lieu, place déterminée.
6. Passe de nouveau.
9. Religieuse.
10. Notions que l'esprit se forme de quelque chose.
11. Parole de remerciement.
13. Substance sucrée et parfumée produite par les abeilles.
18. Personne à qui l'on pense beaucoup.

XXIII

1
2
3
4
5
6
7
8
9
10
11
12
13
14
15
16
17
18
19

MOTS CROISES XXIV

Horizontalement:

1. Un mois d'automne.
8. Ouvrit de nouveau.
9. **Avoir** au participe passé.
10. Moyen de transport.
11. Homme né en Italie.
13. Faire tort à.
14. Note de musique.
15. Pronom personnel.
16. Femme de Napoléon III.

Verticalement:

1. Avec quoi on entend.
2. Instrument qui coupe.
3. Pronom personnel.
4. Qui a la forme d'un œuf.
5. Rendre un son confus.
6. Cérémonial ou ensemble de règles qui se pratiquent dans une religion.
7. Frappée de surprise.
12. Une carte à jouer.
15. Note de musique.

XXIV

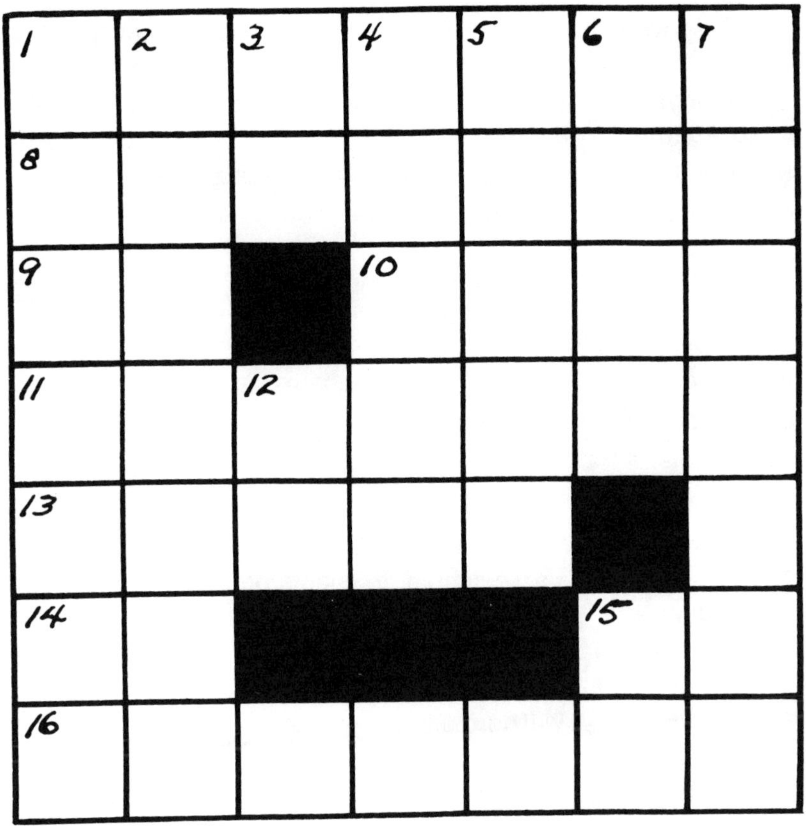
1
2
3
4
5
6
7
8
9
10
11
12
13
14
15
16

MOTS CROISES XXV

Horizontalement:

1. En français, il ne faut pas oublier de mettre les ______ graves et aigus sur les **e**.
8. Le ______ est un animal très utile dans le désert. Il boit très peu.
9. Agréable, qui captive le cœur.
10. Les fantômes ______ certaines vieilles maisons en Angleterre.
11. Quand vous voyagez en avion, on vous dit souvent à l'aéroport qu'il y aura une ______ d'une heure avant que votre avion puisse partir.
13. Les voyageurs qui ______ le train arrivèrent avant ceux qui voyagèrent par avion.
16. La vieille dame a ______ peur en voyant la souris.
17. Etre ______, c'est être fatigué de tout.

Verticalement:

1. Ce qu'on a acheté.
2. Former avec la voix des sons musicaux.
3. Ce qu'on regard pour apprendre la géographie.
4. Le ministre ira à Bagdad. Il ______ sa secrétaire avec lui.
5. Rien; ce qui n'existe pas.
6. La sœur de votre père ou de votre mère.
7. Verbe **savoir** au passé simple, troisième personne du singulier.
9. Animal qui miaule.
12. Au cinéma, comme le chapeau de la dame empêchait la personne assise derrière elle de voir, elle a ______ son chapeau.
13. Avez-vous ______ faire ce problème de mots croisés?
14. ______ n'est pas facile.
15. J'espère que tu n'______ pas fatigué.

XXV

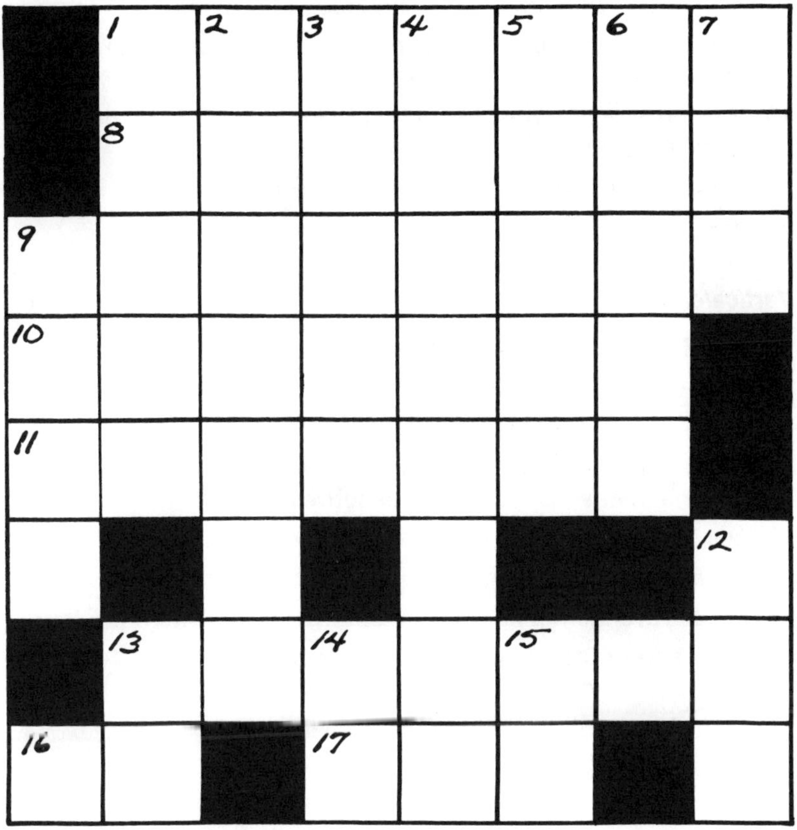
1
2
3
4
5
6
7
8
9
10
11
12
13
14
15
16
17

MOTS CROISES XXVI

Horizontalement:

1. Le morceau d'étoffe que les hommes se nouent autour du cou s'appelle une ______ .
5. Un éclat de voix s'appelle un ______ .
6. Parlez-vous français bien ______ mal?
7. Mettez-vous ______ sucre dans votre café?
8. ______ un cheval, c'est mettre la selle sur le dos du cheval.
10. ______ est le verbe auxiliaire formant les temps composés des verbes transitifs, et de quelques intransitifs.
11. Les ______ parfumés ne sont pas toujours ceux qui lavent le mieux.
13. Plusieurs personnes disent qu'ils ont vu le ______ du lac Loch en Ecosse.
14. Dans les grandes villes, il y a beaucoup de rues à ______ unique.

Verticalement:

1. Les Esquimaux mangent le poisson ______ .
2. Le participe passé de **rire** est ______ .
3. Nous ______ la paix.
4. Dans la plupart des bureaux de poste aux Etats-Unis, il y a des machines pour ______ les lettres.
5. Les ______ peuvent être envoyés par bateau, ou par avion.
7. Nous ______ payer nos impôts avant le 15 avril.
8. On se lave les mains avec du ______ et de l'eau chaude.
9. Pour son goûter d'anniversaire, elle a établi une ______ d'invités.
12. Le froid est ______ que tout est gelé.

XXVI

MOTS CROISES XXVII

Horizontalement:

1. Le mois de ______ n'a que 28 jours.
7. Dans certains jeux de cartes, comme le bridge, on choisit une couleur (cœur, pique, carreau ou trèfle), ou l'on choisit un "sans ______".
8. Un rocher sur lequel la mer se brise s'appelle un ______.
10. ______ un élève à un examen signifie le refuser.
11. Le verbe **aller** au futur, troisième personne du singulier.
12. "Mettre quelqu'un au ______" est une provocation par laquelle on juge un adversaire incapable de faire quelque chose.
13. Une personne ______ est une personne qui ne pense qu'à soi, et à personne d'autre.

Verticalement:

1. Aux usines Renault, on ______ des automobiles.
2. "Etre ou ne pas ______", voilà la question.
3. Préposition qui désigne, entre deux ou plusieurs objets, celui qui est le plus près; ou qui annonce ce que l'on va dire.
4. "Il ______" signifie qu'il se servit de ruses.
5. Les habitants de l'Italie.
6. La ______ de Russie, en 1812, fut un désastre pour Napoléon.
9. L'expression "L'argent est le ______ de la guerre" signifie que l'argent est le facteur principal de la guerre.

XXVII

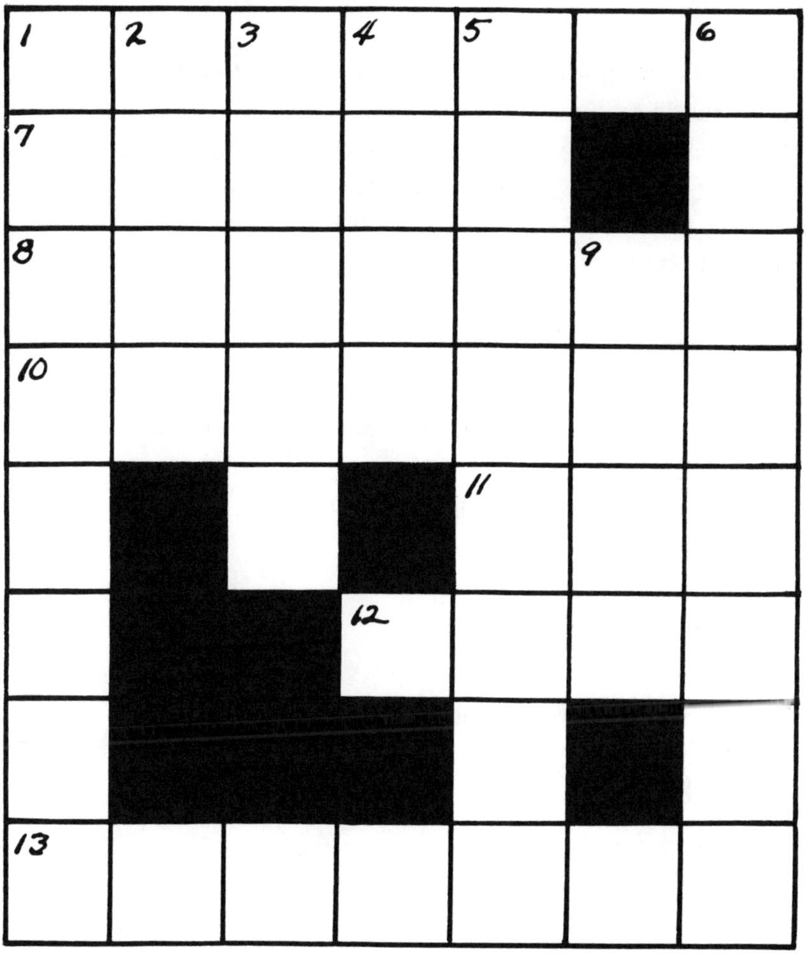
1
2
3
4
5
6
7
8
9
10
11
12
13

MOTS CROISES XXVIII

Horizontalement:

1. Déterminer la place de.
8. Une des couleurs du drapeau américain.
9. Conjonction qui sert à indiquer une alternative.
10. Symbole chimique du nickel.
11. Couverture d'une maison.
12. Pronom indéfini.
13. Sommes d'argent mises à la disposition d'une personne pour un temps limité.
14. Instrument portatif qui sert à déterminer l'heure.
15. Métal de couleur jaune.
16. Troisième personne du singulier du présent du verbe **aller**.
17. Plante cultivée surtout dans le Nord de la France. La toile est faite avec les fibres de cette plante.
18. A tel point.

Verticalement:

1. Avec lenteur.
2. Les athées ne ______ pas en l'existence de Dieu.
3. Un mois d'été.
4. Un livre qu'on a fini de lire est un livre ______ .
5. Ne pas savoir, ne pas connaître.
6. Rivière qui traverse Paris.
7. Qui charme l'esprit, les sens.
13. "Le corbeau ouvre un large bec et laisse tomber sa ______".
16. Boisson faite avec du jus de raisins.
17. Le "Sears Tower" à Chicago est ______ plus haut gratte-ciel du monde.

XXVIII

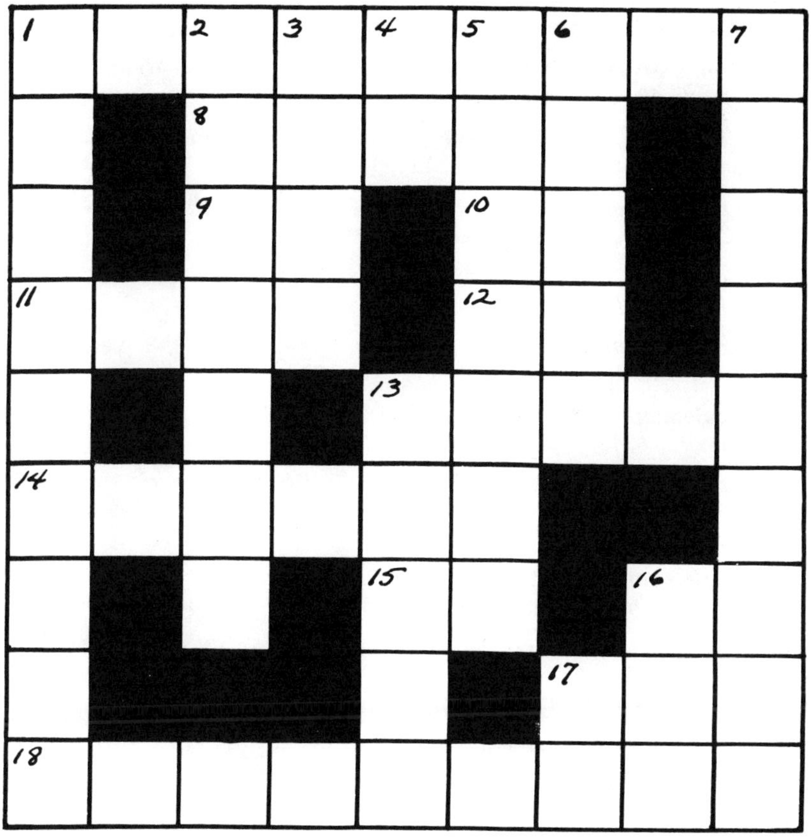
1
2
3
4
5
6
7
8
9
10
11
12
13
14
15
16
17
18

EASY FRENCH GRAMMAR PUZZLES

ANSWER KEY

1. ***Horizontalement:*** 1. Bon; 4. Fermer; 7. Chapeau; 8. Ira; 9. Marquise; 12. Tous; 13. Oui; 14. Feu; 15. N.S.; 16. Agir; 18. Sel; 19. Quel.

Verticalement: 1. Bu; 2. Pré; 3. Heureuse; 4. Fa; 5. Epouser; 6. Maisons; 7. Château; 10. Rouge; 11. Qu'; 17. Il; 20. A.

2. ***Horizontalement:*** 1. Cheval; 6. Bois; 7. Si; 8. Lue; 10. Après; 11. Jeudi; 13. Haut; 15. Essence.

Verticalement: 1. Coup; 2. Hier; 3. Es; 4. As; 5. Libraire; 6. Blanche; 9. As; 11. Jus; 12. Eté; 14. As.

3. ***Horizontalement:*** 1. Fumer; 6. Non; 8. As; 10. Me; 11. Roi; 12. Cou; 13. Il; 15. Un; 16. Vie; 18. Danse.

Verticalement: 2. Un; 3. Mot; 4. En; 5. Marin; 7. Jeune; 9. Sol; 10. Mou; 14. Vin; 16. Va; 17. Es.

4. ***Horizontalement:*** 1. Fais; 4. Au; 5. Sa; 6. Fait; 8. Faite; 9. Lait; 10. Fais; 11. Or; 12. Que.

Verticalement: 1. Fait; 2. Au; 3. Fait; 5. Sait; 6. Fais; 7. Terre; 8. Fait; 9. La; 11. Où.

5. ***Horizontalement:*** 1. Fleuve; 6. Jamais; 9. En; 10. Amour; 11. Art; 12. Route; 13. Te; 14. Dur; 15. Lit; 16. Iris; 18. Page; 19. Néroli; 21. Exception.

Verticalement: 1. Faut; 2. Lire; 3. Es; 4. Vertige; 5. Entêté; 6. Jardin; 7. Amoureux; 8. Mourir; 15. La; 17. Sole; 18. Pi; 20. Un.

6. ***Horizontalement:*** 1. Fou; 3. Lac; 5. Noce; 8. Né; 10. Ne; 11. Ne; 12. Eté; 13. Peu; 14. Te; 15. Me; 17. Es; 18. Tête; 20. Eau; 21. Sur.

Verticalement: 1. Fenêtre; 2. Un; 3. Le; 4. Creuser; 6. On; 7. Ce; 9. Eté; 11. Née; 15. Me; 16. Et; 18. Tu; 19. Es.

7. ***Horizontalement:*** 1. Table; 6. Joli; 7. Seulement; 9. Son; 10. Vue; 11. La; 13. Oeil; 14. Oiseau; 17. L'; 18. Mais; 21. Trente.

Verticalement: 1. Tous; 2. Allô; 3. Bien; 4. Elève; 5. Hôtel; 6. Je; 7. Salon; 8. Nuit; 12. Ai; 13. Ou; 15. Sept; 16. Aime; 17. Lit; 19. An; 20. Se.

8. ***Horizontalement:*** 1. Fenêtre; 6. Eté; 7. On; 9. Or; 10. Monnaie; 11. An; 12. En; 13. Are; 15. Essence.

Verticalement: 1. Fromage; 2. Ne; 3. Etendre; 4. Te; 5. Etrenne; 8. Non; 9. Oie; 13. As; 14. En.

9. ***Horizontalement:*** 1. Où; 3. Cou; 5. Mouche; 8. Mouchoir; 10. On; 11. Roule; 12. Dis; 13. Es; 14. Ni; 15. Elle; 17. Seul; 20. Ici; 22. Retenir.

Verticalement: 1. Où; 2. Sucre; 3. Chou; 4. Oeil; 5. Monsieur; 6. Ou; 7. Chose; 8. Moins; 9. Revenir; 16. Loin; 18. Lit; 19. Du; 21. Ci.

10. ***Horizontalement:*** 2. Vie; 5. Abeille; 9. Bonne; 10. Luc; 11. Ou; 12. Etroit; 14. Ces; 16. Dû; 17. Dira.

Verticalement: 1. Sable; 2. Vin; 3. Île; 4. El; 6. Bout; 7. Encre; 8. Eau; 11. Oter; 13. Ici; 15. Sa.

11. ***Horizontalement:*** 1. Marcher; 5. Ami; 6. Y; 7. Nerveux; 10. Eux; 12. En; 14. Epée; 17. Au; 18. Etat; 19. Par; 20. XV; 21. Ta.

Verticalement: 1. Manteaux; 2. Ame; 3. Rire; 4. Elu; 8. Vue; 9. Expert; 11. Y; 13. Nu; 15. Et; 16. Eau; 22. A.

12. ***Horizontalement:*** 1. Pêche; 6. Clé; 7. Ecrin; 9. Hier; 10. Vernis; 11. Prêt.

Verticalement: 2. Ecrire; 3. Client; 4. Henri; 5. Ne; 8. Cher; 10. V.P.

13. ***Horizontalement:*** 1. Projet; 6. Rater; 8. Bleue; 10. Loin; 11. Du; 12. Aile; 13. As; 14. Ans; 15. Chemise.

Verticalement: 2. Oreille; 3. Jaune; 4. Eté; 5. Te; 7. Rousse; 8. Blanc; 9. Loi; 11. Dans; 14. Ai.

14. ***Horizontalement:*** 1. Acheter; 8. Chapeau; 9. Avenue; 10. Très.; 12. Ile; 15. Vous; 17. Avion.

Verticalement: 1. AC; 2. Chat; 3. Hâvre; 4. Epée; 5. Tension; 6. Eau; 7. Rue; 11. Tua; 13. Lu; 14. Est.

15. ***Horizontalement:*** 1. Bon; 3. Les; 6. Au; 7. Haute; 9. Loin; 10. Comment; 12. Rhume; 13. Oie; 14. Sel; 16. Jus; 17. Aile.

Verticalement: 1. Bal; 2. Ou; 3. Lune; 4. Et; 5. Sept; 7. Homme; 8. Aime; 9. Louis; 10. Chou; 11. Noël; 14. Si; 15. Le.

16. ***Horizontalement:*** 1. Dame; 5. Rue; 6. Or; 7. Roue; 9. Cuit; 10. Litre; 11. Su.

Verticalement: 1. Drap; 2. Au; 3. Merci; 4. Prêter; 6. Ouir; 8. Out; 10. Lu.

17. ***Horizontalement:*** 1. Mains; 5. Tes; 8. Aile; 9. Têtu; 10. Irez; 11. En; 12. Le; 13. Près; 17. Trêve; 18. Ai; 19. Ouvert; 21. Il; 22. Une; 23. Vue; 25. Serviette.

Verticalement: 1. Mais; 2. Air; 3. Ile; 4. Nez; 5. Tenez; 6. Et; 7. Surveille; 9. Tel; 13. Prune; 14. Rêver; 15. Eve; 16. Servi; 17. Tous; 18. Ai; 20. Tue; 24. Et.

18. ***Horizontalement:*** 1. Soif; 3. Se; 5. Bu; 6. Rat; 7. Rideau; 11. Arrêt; 13. An; 14. Un; 16. Léger; 19. Moi; 20. Ami; 22. Elargir; 24. Cou; 26. Noël; 27. En; 28. Direz.

Verticalement: 1. Sur; 2. Fier; 3. Sa; 4. Et; 6. Rue; 8. Dame; 9. Arme; 10. Faim; 12. Tu; 15. Noir; 16. Lieu; 17. Grand; 18. Rager; 21. Mile; 23. Roi; 24. Ce; 25. On.

19. ***Horizontalement:*** 1. Sept; 3. Sorte; 8. Désert; 9. Maison; 12. Si; 13. Ouvert; 14. Peu; 15. Ruminer; 16. Mêler; 18. Etui; 19. Créature; 21. Gris; 23. Cinéma.

Verticalement: 1. Simon; 2. Poivre; 3. Sentir; 4. Os; 5. Respecter; 6. Trier; 7. Et; 8. Dorment; 10. Au; 11. Seul; 16. Merci; 17. Fils; 18. Erg; 20. Age; 22. Il.

20. ***Horizontalement:*** 1. Difficile; 10. Laid; 11. Non; 12. Ile; 13. Dîner; 15. Ourse; 17. Eté; 18. Une; 19. Femme; 22. Noire; 23. Enfant; 26. Car; 27. Neuf; 29. Te; 30. Tiens; 31. Eu; 32. Mets; 33. Art; 34. Peur; 35. Bon; 37. Au; 38. Refuser.

Verticalement: 2. Il; 3. Faire; 4. Fils; 5. Idée; 6. Indien; 7. Loi; 8. Ennemi; 9. Père; 14. Eternuer; 15. Ouverte; 16. Un; 20. Moins; 21. Facteur; 24. Naître; 25. Très; 28. Fut; 32. Me; 33. Ane; 34. Pu; 35. Bu; 36. Os.

21. ***Horizontalement:*** 2. Oiseau; 6. Poule; 7. Cage; 9. En; 10. Poil; 11. Genre; 12. Vend; 14. Danser; 15. Ses; 16. Lu.

Verticalement: 1. Après; 2. Ou; 3. Il; 4. Secondes; 5. Aigle; 8. Air; 10. Pense; 11. Gens; 12. Va; 13. Peu; 14. Du.

22. ***Horizontalement:*** 1. Né; 2. Tante; 5. Sec; 6. Chérie; 8. Heure; 9. Je; 10. Aller; 11. Or; 12. Te; 13. Dur; 14. Ri; 15. Sure.

Verticalement: 2. Terre; 3. Acier; 4. Enterré; 5. Seul; 6. Chat; 7. Héler; 9. Jour; 13. Du.

23. ***Horizontalement:*** 1. Poésie; 6. Rouge; 7. Et; 8. Lundi; 11. Milord; 12. Ames; 14. Noé; 15. Sire; 16. Nie; 17. Sec; 18. Jets; 19. Elire.

Verticalement: 1. Pot; 2. Ou; 3. Eglise; 4. Seul; 5. Endroit; 6. Repasse; 9. Nonne; 10. Idées; 11. Merci; 13. Miel; 18. Je.

24. ***Horizontalement:*** 1. Octobre; 8. Rouvrit; 9. Eu; 10. Auto; 11. Italien; 13. Léser; 14. La; 15. Se; 16. Eugénie.

Verticalement: 1. Oreille; 2. Couteau; 3. Tu; 4. Ovale; 5. Bruir; 6. Rite; 7. Etonnée; 12. As; 15. Si.

25. ***Horizontalement:*** 1. Accents; 8. Chameau; 9. Charmant; 10. Hantent; 11. Attente; 13. Prirent; 16. Eu; 17. Las.

Verticalement: 1. Achat; 2. Chanter; 3. Carte; 4. Emmènera; 5. Néant; 6. Tante; 7. Sut; 9. Chat; 12. Oté; 13. Pu; 14. Il; 15. Es.

26. ***Horizontalement:*** 1. Cravate; 5. Cri; 6. Ou; 7. Du; 8. Seller; 10. Avoir; 11. Savons; 13. Monstre; 14. Sens.

Verticalement: 1. Cru; 2. Ri; 3. Voulons; 4. Trier; 5. Colis; 7. Devons; 8. Savon; 9. Liste; 12. Tel.

27. ***Horizontalement:*** 1. Février; 7. Atout; 8. Brisant; 10. Recaler; 11. Ira; 12. Défi; 13. Egoïste.

Verticalement: 1. Fabrique; 2. Etre; 3. Voici; 4. Rusa; 5. Italiens; 6. Retraite; 9. Nerf.

28. ***Horizontalement:*** 1. Localiser; 8. Rouge; 9. Ou; 10. Ni; 11. Toit; 12. On; 13. Prêts; 14. Montre; 15. Or; 16. Va; 17. Lin; 18. Tellement.

Verticalement: 1. Lentement; 2. Croient; 3. Août; 4. Lu; 5. Ignorer; 6. Seine; 7. Ravissant; 13. Proie; 16. Vin; 17. Le.

GLOSSARY

The 26 words listed below are the only ones that might be new to first-year French students, since they are not among the 1,000 words most frequently used in the French language. However, by working out all the other words of the crossword puzzles, you will obtain these words without assistance.

abeille, **f.** .... bee
aigle, **m.** .... eagle
âme, **f.** .... soul
as, **m.** .... ace
atout, **m.** .... trump
chou, **m.** .... cabbage
creuser .... to dig
élargir .... to widen
éloigner .... to drive away
épée, **f.** .... sword
éternuer .... to sneeze
héler .... to hail
jus, **m.** .... juice
léser .... to wrong
mets, **m.** .... dish
naître .... to be born
oie, **f.** .... goose
ouir .... to hear
pré, **m.** .... meadow
poivre, **m.** .... pepper
rater .... to miss, to fail
ravissant .... lovely
rhume, **m.** .... cold
rideau, **m.** .... curtain
salir .... to soil
trêve, **f.** .... truce

PASSPORT BOOKS
a division of *NTC Publishing Group*
Lincolnwood, Illinois USA